小畫家的天空系列

靜物畫

Montserrat Llongueras
Cristina Picazo　著
Anna Sadurní
本局編輯部　譯

三民書局

國家圖書館出版品預行編目資料

小普羅藝術叢書．小畫家的天空系列／Montserrat
Llongueras, Cristina Picazo, Anna Sadurní著;三民
書局編輯部譯. －－初版一刷. －－臺北市；三
民，民91
　　冊；　　公分
ISBN 957–14–2871–X (一套:精裝)
　1.美術–教學法　　2.繪畫–西洋–技法

523.37　　　　　　　　　　　　　　　87005794

© 靜 物 畫

著作人　Montserrat Llongueras
　　　　Cristina Picazo
　　　　Anna Sadurní
譯　者　三民書局編輯部
發行人　劉振強
著作財
產權人　三民書局股份有限公司
　　　　臺北市復興北路三八六號
發行所　三民書局股份有限公司
　　　　地址／臺北市復興北路三八六號
　　　　電話／二五○○六六○○
　　　　郵撥／○○○九九九八——五號
印刷所　三民書局股份有限公司
門市部　復北店／臺北市復興北路三八六號
　　　　重南店／臺北市重慶南路一段六十一號
初版一刷　中華民國八十七年八月
初版二刷　中華民國九十一年三月
編　號　S 94075
定　價　新臺幣參佰伍拾元整
行政院新聞局登記證局版臺業字第○二○○號

有著作權 不准侵害

ISBN　957–14–2858–2　（精裝）

網路書店位址：http://www.sanmin.com.tw

Original Spanish title: Dibujar y Crear Objetos
Original Edition © PARRAMON EDICIONES, S.A. Barcelona, España
World rights reserved
© Copyright of this edition SAN MIN BOOK CO., LTD Taipei Taiwan.

目次

帶星號*的字在第48頁
的詞彙中有說明

3

從你的觀點看到的物體

在這本書裡，我們要告訴你表現「靜物」這個主題的畫畫技巧，幫助你捕捉它們的特質以及在空間裡的位置安排。

當我們在構思一幅圖的時候，首先要考慮到每個東西在紙上出現的位置，這個最初的安排就叫做構圖*。構圖的時候，物體的外形、大小，甚至顏色都會隨著觀看點的不同而改變喲！這裡有三種觀看點：從空中往下看、從地面往上看、從前面看。

▶從地面往上看。想像自己只有螞蟻一般的大小。從這個觀看點，在底部的物體看起來會比在頂部的大一些；而且背景看起來也會比地面明顯。

▲ 從空中往下看。當畫出來的物體位置比你的眼睛還低的時候，你便是在使用這種觀看點。畫裡物體的上部會比下部大，地面（在物體下方）看起來也會比背景（在物體後方）重要。

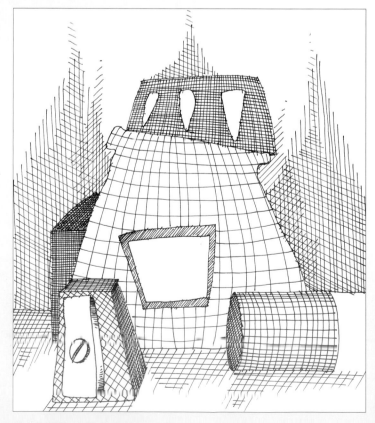

◀從前面看。就是你的眼睛和物體一樣高時看到的東西。你可以調整這張畫裡每個部分的相對大小，來產生遠近的感覺。距離你比較近的物體看起來會比較大，可是距離你比較遠的就會比較小囉！

我們需要考慮的第一一件事情就是這張畫外觀的大小。
我們用的是一張很大的紙還是小張的紙呢？是方的、
圓的，還是其它的形狀呢？不管怎麼樣，我們都要儘
可能試著把所有的空間填滿喲！

直的版面　　　　　　　橫的版面　　　　　　　方形的版面

  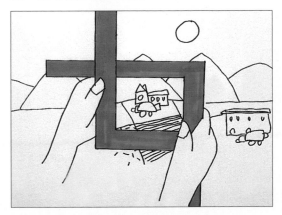

▲ 在取景框（框架）的幫助下，構圖會變得容易一些些呢！
我們也可以輕鬆地來做一個取景框。剪下紙板的左上、右下
或是左下、右上兩個直角。用它們來做成主導你這張畫、可
以調整的取景框。用這兩個直角來找出你最喜歡的版面。

▲ 當所有我們想要放在圖裡的東西都有
了以後，我們便可以說都「到齊」了耶！

▼ 並不是所有的物體都要
全部畫出來喔！在構圖的
時候，我們可以強調自己喜
歡的部分，刪掉其它的部分。

如何開始呢？

開始的好方法就是把物體的安排和基本幾何圖形建立關聯。

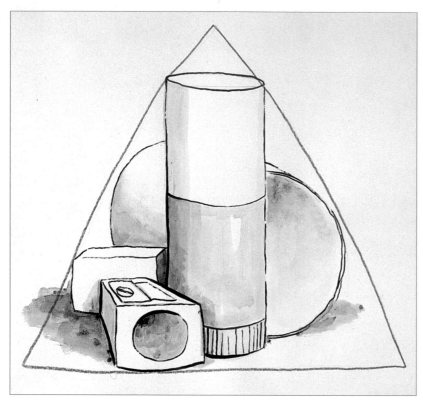

◀這個構圖是由三角形發展而來的，我們可以看到膠水瓶是所有的東西當中最高的。

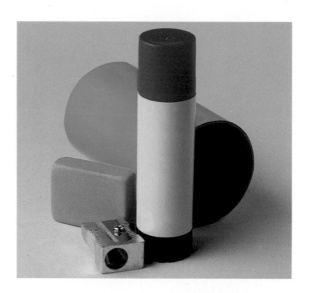

▶當物體都一樣高的時候，你的構圖就可能是方形的。

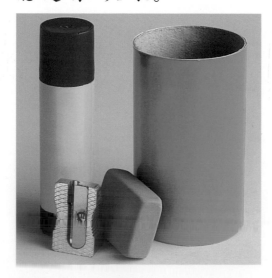

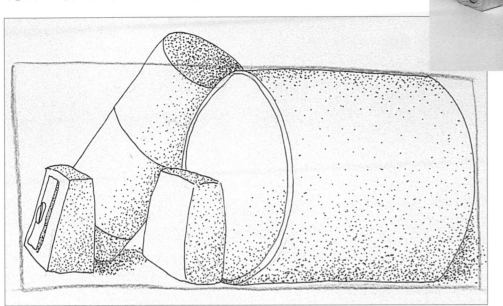

▼ 如果要長方形的構圖，那就把最長的物體橫擺。

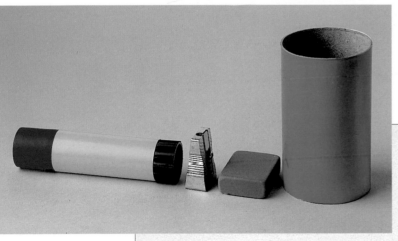

▼ 如果我們在一開始的時候，便畫出物體的基本幾何形狀，會發現要畫這些物體並不困難喔！ 這就叫做外形的草圖*。

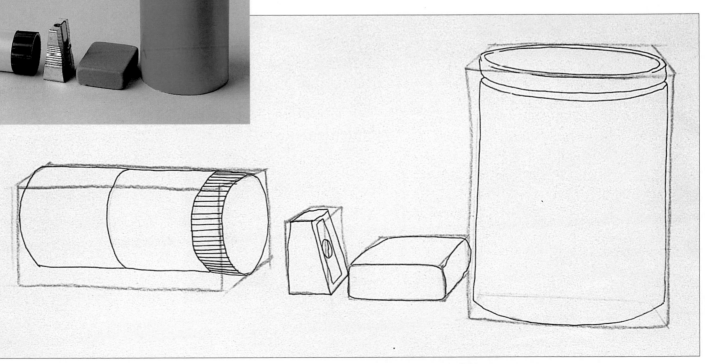

在砂紙上的一號方程式賽車

在顏色和顏色之間留下細縫。

砂紙的黑色會把這些顏色區隔開來。

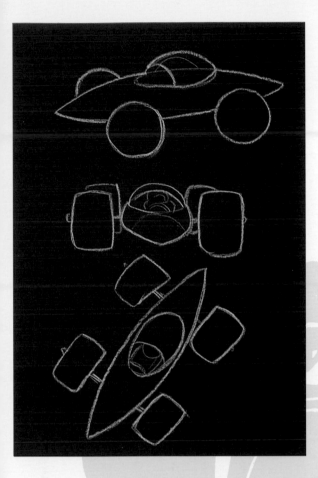

1 先ㄒㄧㄢ畫ㄏㄨㄚˋ草ㄘㄠˇ圖ㄊㄨˊ。在ㄗㄞˋ這ㄓㄜˋ裡ㄌㄧˇ，我ㄨㄛˇ們ㄇㄣ˙已ㄧˇ經ㄐㄧㄥ用ㄩㄥˋ不ㄅㄨˋ同ㄊㄨㄥˊ的ㄉㄜ˙角ㄐㄧㄠˇ度ㄉㄨˋ：從ㄘㄨㄥˊ側ㄘㄜˋ面ㄇㄧㄢˋ看ㄎㄢˋ、從ㄘㄨㄥˊ前ㄑㄧㄢˊ面ㄇㄧㄢˋ看ㄎㄢˋ、從ㄘㄨㄥˊ上ㄕㄤˋ面ㄇㄧㄢˋ往ㄨㄤˇ下ㄒㄧㄚˋ看ㄎㄢˋ，把ㄅㄚˇ賽ㄙㄞˋ車ㄔㄜ畫ㄏㄨㄚˋ出ㄔㄨ來ㄌㄞˊ了ㄌㄜ˙。

2 在ㄗㄞˋ這ㄓㄜˋ裡ㄌㄧˇ，我ㄨㄛˇ們ㄇㄣ˙需ㄒㄩ要ㄧㄠˋ一ㄧˋ張ㄓㄤ黑ㄏㄟ色ㄙㄜˋ的ㄉㄜ˙砂ㄕㄚ紙ㄓˇ。

實ㄕˊ用ㄩㄥˋ的ㄉㄜ˙小ㄒㄧㄠˇ祕ㄇㄧˋ訣ㄐㄩㄝˊ

我ㄨㄛˇ們ㄇㄣ˙可ㄎㄜˇ以ㄧˇ用ㄩㄥˋ不ㄅㄨˋ同ㄊㄨㄥˊ粗ㄘㄨ細ㄒㄧˋ和ㄏㄜˊ各ㄍㄜˋ種ㄓㄨㄥˇ不ㄅㄨˋ同ㄊㄨㄥˊ的ㄉㄜ˙黑ㄏㄟ色ㄙㄜˋ砂ㄕㄚ紙ㄓˇ來ㄌㄞˊ做ㄗㄨㄛˋ個ㄍㄜˋ實ㄕˊ驗ㄧㄢˋ。砂ㄕㄚ紙ㄓˇ越ㄩㄝˋ粗ㄘㄨ糙ㄘㄠ，畫ㄏㄨㄚˋ好ㄏㄠˇ以ㄧˇ後ㄏㄡˋ的ㄉㄜ˙紋ㄨㄣˊ路ㄌㄨˋ*就ㄐㄧㄡˋ會ㄏㄨㄟˋ越ㄩㄝˋ明ㄇㄧㄥˊ顯ㄒㄧㄢˇ喔ㄛ！

3 用ㄩㄥˋ白ㄅㄞˊ色ㄙㄜˋ的ㄉㄜ˙粉ㄈㄣˇ筆ㄅㄧˇ來ㄌㄞˊ構ㄍㄡˋ圖ㄊㄨˊ。

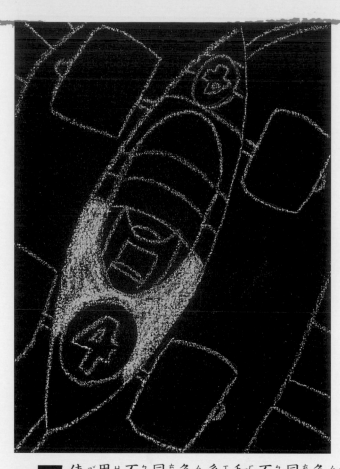

4 然後用不同
顏色的粉筆
來加上細部。

5 使用不同色系和不同色調*的顏色,
例如淺黃色、暗黃色,或是淺橘色、
暗橘色,來使物體產生三度空間的效
果(或立體感*)。我們先塗比較淺的顏
色,再用比較暗的顏色來塗陰影部分*。

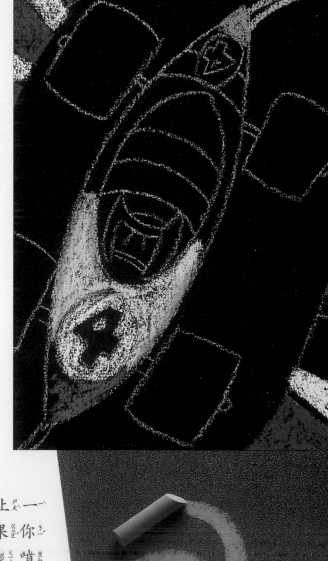

6 畫好以後,塗上一
層保護膠*,如果你
沒有保護膠,輕輕噴
上髮膠也可以。

用麥克筆畫出桌上物體的明暗*

1 我ㄨㄛˇ們ㄇㄣˊ先ㄒㄧㄢ畫ㄏㄨㄚˋ物ㄨˋ體ㄊㄧˇ外ㄨㄞˋ形ㄒㄧㄥˊ的ㄉㄜ草ㄘㄠˇ圖ㄊㄨˊ。

2 然ㄖㄢˊ後ㄏㄡˋ決ㄐㄩㄝˊ定ㄉㄧㄥˋ構ㄍㄡˋ圖ㄊㄨˊ和ㄏㄜˊ版ㄅㄢˇ面ㄇㄧㄢˋ。在ㄗㄞˋ這ㄓㄜˋ裡ㄌㄧˇ的ㄉㄜ安ㄢ排ㄆㄞˊ是ㄕˋ以ㄧˇ三ㄙㄢ角ㄐㄧㄠˇ形ㄒㄧㄥˊ作ㄗㄨㄛˋ為ㄨㄟˊ基ㄐㄧ礎ㄔㄨˇ。

實ㄕˊ用ㄩㄥˋ的ㄉㄜ小ㄒㄧㄠˇ祕ㄇㄧˋ訣ㄐㄩㄝˊ

我ㄨㄛˇ們ㄇㄣˊ可ㄎㄜˇ以ㄧˇ用ㄩㄥˋ一ㄧ些ㄒㄧㄝ酒ㄐㄧㄡˇ精ㄐㄧㄥ來ㄌㄞˊ稀ㄒㄧ釋ㄕˋ*不ㄅㄨˋ溶ㄖㄨㄥˊ於ㄩˊ水ㄕㄨㄟˇ的ㄉㄜ麥ㄇㄞˋ克ㄎㄜˋ筆ㄅㄧˇ墨ㄇㄛˋ水ㄕㄨㄟˇ，而ㄦˊ且ㄑㄧㄝˇ使ㄕˇ它ㄊㄚ在ㄗㄞˋ紙ㄓˇ上ㄕㄤˋ擴ㄎㄨㄛˋ散ㄙㄢˋ開ㄎㄞ來ㄌㄞˊ。請ㄑㄧㄥˇ大ㄉㄚˋ人ㄖㄣˊ用ㄩㄥˋ小ㄒㄧㄠˇ瓶ㄆㄧㄥˊ子ㄗ˙裝ㄓㄨㄤ一ㄧ些ㄒㄧㄝ酒ㄐㄧㄡˇ精ㄐㄧㄥ給ㄍㄟˇ你ㄋㄧˇ，記ㄐㄧˋ得ㄉㄜ˙瓶ㄆㄧㄥˊ蓋ㄍㄞˋ要ㄧㄠˋ蓋ㄍㄞˋ緊ㄐㄧㄣˇ喔ㄛ˙！

3 用ㄩㄥˋ麥ㄇㄞˋ克ㄎㄜˋ筆ㄅㄧˇ著ㄓㄨㄛˊ色ㄙㄜˋ。為ㄨㄟˋ了ㄌㄜ˙得ㄉㄜˊ到ㄉㄠˋ濃ㄋㄨㄥˊ淡ㄉㄢˋ的ㄉㄜ效ㄒㄧㄠˋ果ㄍㄨㄛˇ，暗ㄢˋ色ㄙㄜˋ調ㄉㄧㄠˋ的ㄉㄜ顏ㄧㄢˊ色ㄙㄜˋ要ㄧㄠˋ塗ㄊㄨˊ在ㄗㄞˋ淺ㄑㄧㄢˇ色ㄙㄜˋ調ㄉㄧㄠˋ的ㄉㄜ顏ㄧㄢˊ色ㄙㄜˋ上ㄕㄤˋ面ㄇㄧㄢˋ喔ㄛ˙！

4 水ㄕㄨㄟ性ㄒㄧㄥ麥ㄇㄞ克ㄎㄜ筆ㄅㄧ可ㄎㄜ以ㄧ用ㄩㄥ水ㄕㄨㄟ和ㄏㄜ畫ㄏㄨㄚ筆ㄅㄧ稀ㄒㄧ釋ㄕㄞ而ㄦ且ㄑㄧㄝ擴ㄎㄨㄛ散ㄙㄢ開ㄎㄞ來ㄌㄞ。我ㄨㄛ們ㄇㄣ把ㄅㄚ畫ㄏㄨㄚ裡ㄌㄧ的ㄉㄜ每ㄇㄟ個ㄍㄜ部ㄅㄨ分ㄈㄣ都ㄉㄡ灑ㄙㄚ上ㄕㄤ一ㄧ些ㄒㄧㄝ些ㄒㄧㄝ水ㄕㄨㄟ,免ㄇㄧㄢ得ㄉㄜ物ㄨ體ㄊㄧ之ㄓ間ㄐㄧㄢ的ㄉㄜ顏ㄧㄢ色ㄙㄜ混ㄏㄨㄣ合ㄏㄜ在ㄗㄞ一ㄧ起ㄑㄧ了ㄌㄜ。

5 當ㄉㄤ我ㄨㄛ們ㄇㄣ用ㄩㄥ水ㄕㄨㄟ刷ㄕㄨㄚ開ㄎㄞ每ㄇㄟ個ㄍㄜ顏ㄧㄢ色ㄙㄜ的ㄉㄜ時ㄕ候ㄏㄡ,都ㄉㄡ等ㄉㄥ前ㄑㄧㄢ一ㄧ個ㄍㄜ顏ㄧㄢ色ㄙㄜ乾ㄍㄢ了ㄌㄜ以ㄧ後ㄏㄡ,再ㄗㄞ繼ㄐㄧ續ㄒㄩ塗ㄊㄨ下ㄒㄧㄚ一ㄧ個ㄍㄜ顏ㄧㄢ色ㄙㄜ,這ㄓㄜ樣ㄧㄤ子ㄗ所ㄙㄨㄛ有ㄧㄡ的ㄉㄜ顏ㄧㄢ色ㄙㄜ就ㄐㄧㄡ都ㄉㄡ能ㄋㄥ保ㄅㄠ持ㄔ乾ㄍㄢ淨ㄐㄧㄥ了ㄌㄜ。

6 如ㄖㄨ果ㄍㄨㄛ我ㄨㄛ們ㄇㄣ沒ㄇㄟ有ㄧㄡ等ㄉㄥ前ㄑㄧㄢ一ㄧ個ㄍㄜ顏ㄧㄢ色ㄙㄜ變ㄅㄧㄢ乾ㄍㄢ,就ㄐㄧㄡ繼ㄐㄧ續ㄒㄩ塗ㄊㄨ下ㄒㄧㄚ一ㄧ個ㄍㄜ顏ㄧㄢ色ㄙㄜ,這ㄓㄜ樣ㄧㄤ子ㄗ顏ㄧㄢ色ㄙㄜ便ㄅㄧㄢ會ㄏㄨㄟ混ㄏㄨㄣ合ㄏㄜ在ㄗㄞ一ㄧ起ㄑㄧ,產ㄔㄢ生ㄕㄥ新ㄒㄧㄣ的ㄉㄜ色ㄙㄜ調ㄉㄧㄠ喲ㄧㄛ!

7 最ㄗㄨㄟ後ㄏㄡ,為ㄨㄟ我ㄨㄛ們ㄇㄣ自ㄗ己ㄐㄧ的ㄉㄜ構ㄍㄡ圖ㄊㄨ設ㄕㄜ計ㄐㄧ一ㄧ個ㄍㄜ場ㄔㄤ景ㄐㄧㄥ吧ㄅㄚ!等ㄉㄥ乾ㄍㄢ了ㄌㄜ以ㄧ後ㄏㄡ,用ㄩㄥ深ㄕㄣ色ㄙㄜ麥ㄇㄞ克ㄎㄜ筆ㄅㄧ把ㄅㄚ這ㄓㄜ張ㄓㄤ畫ㄏㄨㄚ的ㄉㄜ線ㄒㄧㄢ條ㄊㄧㄠ描ㄇㄧㄠ出ㄔㄨ來ㄌㄞ。

木板上的海景

畫深色背景時，陰影比較淺的地方，顏色看起來會比較明亮喔！

我們用幾滴松節油來軟化蠟筆。

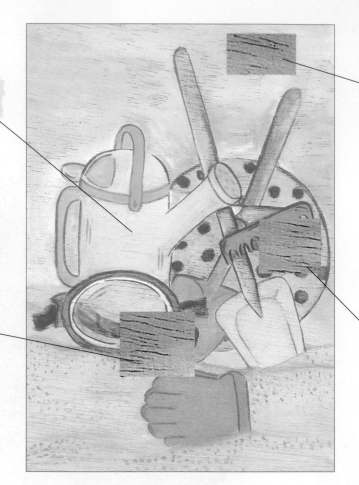

用一些松節油*來做出比較淡的顏色。

直接把蠟筆塗在木板上，木板的紋路會透過塗上的顏色顯露出來喔！

1 畫出物體外形的草圖來找出最適當的比例*。

2 想一想要怎麼構圖呢？

3 然後加上細部。

4 用一張黑色的複寫紙把圖轉印到木板上，然後用蠟筆把圖形著色。我們把暗色調的顏色塗在淺色調的顏色上，來創造出立體的感覺。

5 我們用畫筆或是布的一端蘸一些松節油，稀釋木板上的蠟，來達到色調濃淡的效果。

6 用松節油從黑色的蠟筆稀釋一些些蠟，然後，用蘸了蠟的畫筆強調各個部分的輪廓*。完成了以後，我們可以塗上一層加水稀釋過的萬能白膠，來固定畫。

用孔板*和牙刷畫出的三輪車

用孔板可以很快完成一系列做生日卡、邀請卡和許許多多類似卡片的彩色圖案喔！

我們可以使用各種不同色調的相同顏色，來產生更豐富的效果。

畫材和技巧

如果在這張畫裡，你只打算用一張紙板來做所有部分的孔板，那麼你在著色的時候，便要把不打算著色的地方都遮蓋起來喔！

2 把你的圖描在紙板上，然後依照形狀剪下來，做成各個物體的孔板。記得喲！要把準備塗不同顏色的部分都分開來。

1 繪圖並安排構圖。

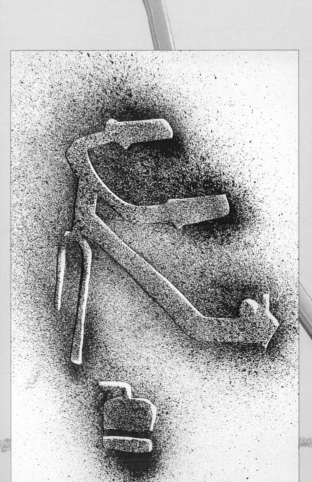

3 把孔板放在一張紙上。拿牙刷蘸上用水稀釋過的蛋彩*顏料，然後，用食指滑過牙刷的刷毛，把顏色噴灑在紙上孔板沒有遮蓋的地方。

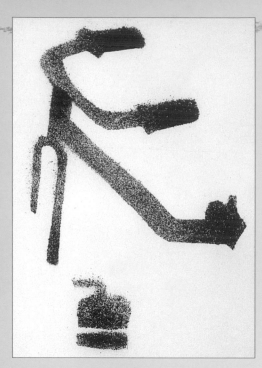

4 用水清潔刷子，再蘸上比較暗色調的顏料。然後，重複噴灑的步驟，把顏料噴灑在陰影部分。這樣子，物體便產生了立體的感覺呢！

5 等顏料乾了以後，把孔板放在這個物體下一個要著色的地方。把孔板對準紙上已經有的圖案，然後用牙刷蘸上新的顏色，再一次，把顏料噴灑在紙上。

6 為了要凸顯三輪車的坐墊，我們可以在上面畫出一些小圓點喔！

7 完ㄨㄢˊ成ㄔㄥˊ孔ㄎㄨㄥˇ板ㄅㄢˇ
印ㄧㄣˋ刷ㄕㄨㄚ的ㄉㄜ˙部ㄅㄨˋ
分ㄈㄣˋ以ㄧˇ後ㄏㄡˋ，再ㄗㄞˋ用ㄩㄥˋ
調ㄊㄧㄠˊ得ㄉㄜ˙很ㄏㄣˇ稀ㄒㄧ的ㄉㄜ˙水ㄕㄨㄟˇ
彩ㄘㄞˇ給ㄍㄟˇ背ㄅㄟˋ景ㄐㄧㄥˇ加ㄐㄧㄚ上ㄕㄤˋ
一ㄧ些ㄒㄧㄝ趣ㄑㄩˋ味ㄨㄟˋ吧ㄅㄚ˙！

一幅餐廳的拼貼畫*

你曾經對畫出來的圖失望嗎？別急著丟掉喲！或許能用它來創造一幅拼貼畫呢！

為了清楚區分不同的物體，所以我們使用在設計上有強烈對比的材料。

把同樣的材料貼在不同的位置上，可以創造出深度的錯覺呢！

在紙張或是布上塗膠水時，為了避免塗得太多，最好從中間往邊緣塗喔！

1 先ㄒㄧㄢ畫ㄏㄨㄚˋ出ㄔㄨ物ㄨˋ體ㄊㄧˇ外ㄨㄞˋ形ㄒㄧㄥˊ的ㄉㄜ草ㄘㄠˇ圖ㄊㄨˊ。

2 繪ㄏㄨㄟˋ圖ㄊㄨˊ並ㄅㄧㄥˋ安ㄢ排ㄆㄞˊ構ㄍㄡˋ圖ㄊㄨˊ。

畫ㄏㄨㄚˋ材ㄘㄞˊ和ㄏㄜˊ技ㄐㄧˋ巧ㄑㄧㄠˇ

要ㄧㄠˋ怎ㄗㄣˇ麼ㄇㄜ樣ㄧㄤˋ來ㄌㄞˊ確ㄑㄩㄝˋ定ㄉㄧㄥˋ我ㄨㄛˇ們ㄇㄣ˙剪ㄐㄧㄢˇ下ㄒㄧㄚˋ來ㄌㄞˊ的ㄉㄜ材ㄘㄞˊ料ㄌㄧㄠˋ會ㄏㄨㄟˋ完ㄨㄢˊ全ㄑㄩㄢˊ和ㄏㄜˊ畫ㄏㄨㄚˋ的ㄉㄜ大ㄉㄚˋ小ㄒㄧㄠˇ一ㄧ樣ㄧㄤˋ呢ㄋㄜ˙？我ㄨㄛˇ們ㄇㄣ˙先ㄒㄧㄢ在ㄗㄞˋ複ㄈㄨˋ寫ㄒㄧㄝˇ紙ㄓˇ上ㄕㄤˋ畫ㄏㄨㄚˋ出ㄔㄨ每ㄇㄟˇ個ㄍㄜˋ部ㄅㄨˋ分ㄈㄣ的ㄉㄜ輪ㄌㄨㄣˊ廓ㄎㄨㄛˋ，然ㄖㄢˊ後ㄏㄡˋ，在ㄗㄞˋ剪ㄐㄧㄢˇ材ㄘㄞˊ料ㄌㄧㄠˋ的ㄉㄜ時ㄕˊ候ㄏㄡˋ，便ㄅㄧㄢˋ用ㄩㄥˋ這ㄓㄜˋ個ㄍㄜˋ畫ㄏㄨㄚˋ在ㄗㄞˋ紙ㄓˇ上ㄕㄤˋ的ㄉㄜ輪ㄌㄨㄣˊ廓ㄎㄨㄛˋ來ㄌㄞˊ當ㄉㄤ模ㄇㄛˊ型ㄒㄧㄥˊ。

3 完ㄨㄢˊ成ㄔㄥˊ繪ㄏㄨㄟˋ圖ㄊㄨˊ的ㄉㄜ步ㄅㄨˋ驟ㄗㄡˋ。我ㄨㄛˇ們ㄇㄣ˙可ㄎㄜˇ以ㄧˇ尋ㄒㄩㄣˊ找ㄓㄠˇ一ㄧ些ㄒㄧㄝ圖ㄊㄨˊ案ㄢˋ有ㄧㄡˇ趣ㄑㄩˋ的ㄉㄜ材ㄘㄞˊ料ㄌㄧㄠˋ，例ㄌㄧˋ如ㄖㄨˊ破ㄆㄛˋ布ㄅㄨˋ、不ㄅㄨˋ要ㄧㄠˋ的ㄉㄜ紙ㄓˇ板ㄅㄢˇ、報ㄅㄠˋ紙ㄓˇ、雜ㄗㄚˊ誌ㄓˋ、毛ㄇㄠˊ線ㄒㄧㄢˋ等ㄉㄥˇ等ㄉㄥˇ。

5 在我們不打算覆蓋材料的地方，保留原來的顏色。

4 選出和你的構圖比較合適的材料。在這裡，我們選了有格子的碎布來當作桌巾。最後，用萬能白膠把剪下來的布貼到圖畫上。

6 一個個把拼貼畫的其它部分貼上。變換不同的紋路，你會發現既驚奇又有趣的效果喲！例如，碎布也可以用在瓷盤上耶！

7 最後，我們再用一支粗的麥克筆來描出某些部分的線條，並加上幾筆最後的潤飾。

金銀色紙上的交響樂

金屬物體是這個技巧的理想主題。金銀色紙可以捕捉金屬反光的效果。

這張畫要用黑色來做背景，但是也可以用任何的暗色來表現這個技巧。

1 畫好物體的外形以後，
我們安排物體的位置
來完成構圖。

畫材和技巧

金銀色紙在任何美術用品
社都可以買得到。但是，我
們也可以利用廚房用的鋁
箔紙和金色的包裝紙。

2 在這裡，我們把物體安排在
方形的版面，並且把圖像擺
在這張紙的中央。

3 用淺色的複寫紙把圖轉
印到黑色的背景上，也可
以用黃色的蠟筆把圖的背面
塗滿，當作複寫紙；然後，用
鉛筆沿著圖上的線條，把圖
轉印到黑色的表面上。

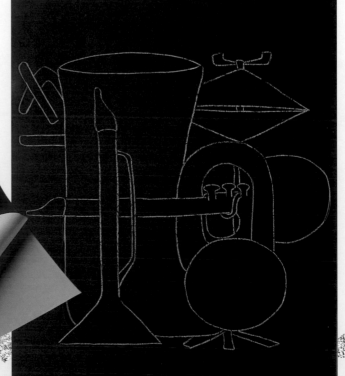

4 用加水稀釋過的白膠，在整個表面塗上一層，並等它乾。

5 然後，再上一層膠，但是只塗在我們打算貼上銀紙的部分。在膠半乾的時候，輕輕地把紙壓按到表面上，直到整張紙都貼牢了。

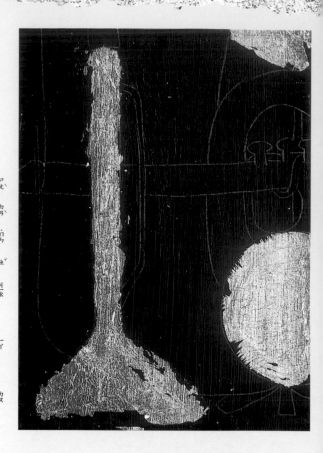

6 貼上銀色色紙以後，我們重複同樣的步驟，把金色色紙貼上。

7 最後，我們用銀色麥克筆畫出物體的輪廓來，再用黑色麥克筆製造出一些反光的效果。

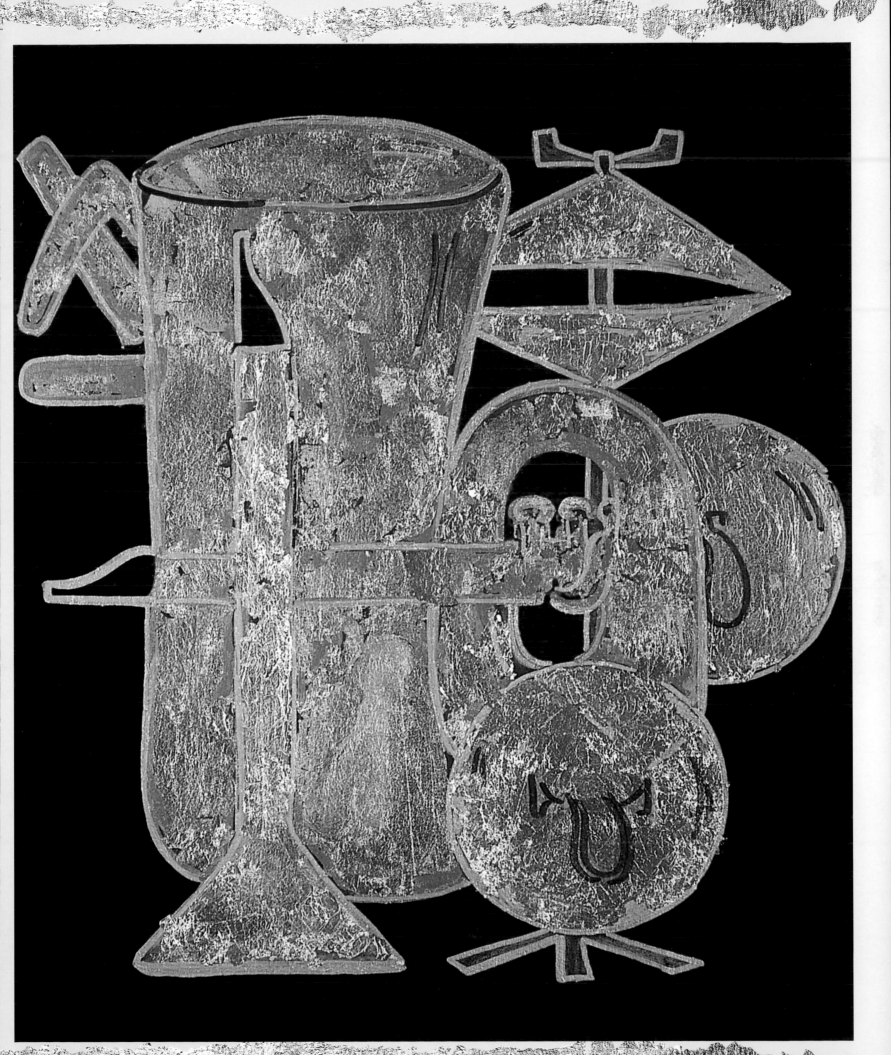

成一直線有紋路的溜冰鞋

用單一顏色和花樣畫成的背景，可以凸顯出整張畫喔！

不同的紋路可以增加這張畫的趣味和豐富性。

相關的部分用同一個顏色和紋路來畫，使它們緊緊地結合在一起。

避免畫小面積部分。因為在以紋路花樣為主題的畫中，這個部分可並不容易著色喲！

實用的小祕訣

畫的豐富性和紋路花樣的多元性是相關的。我們可以找些有不同紋路的花樣，試試看畫出來的效果。

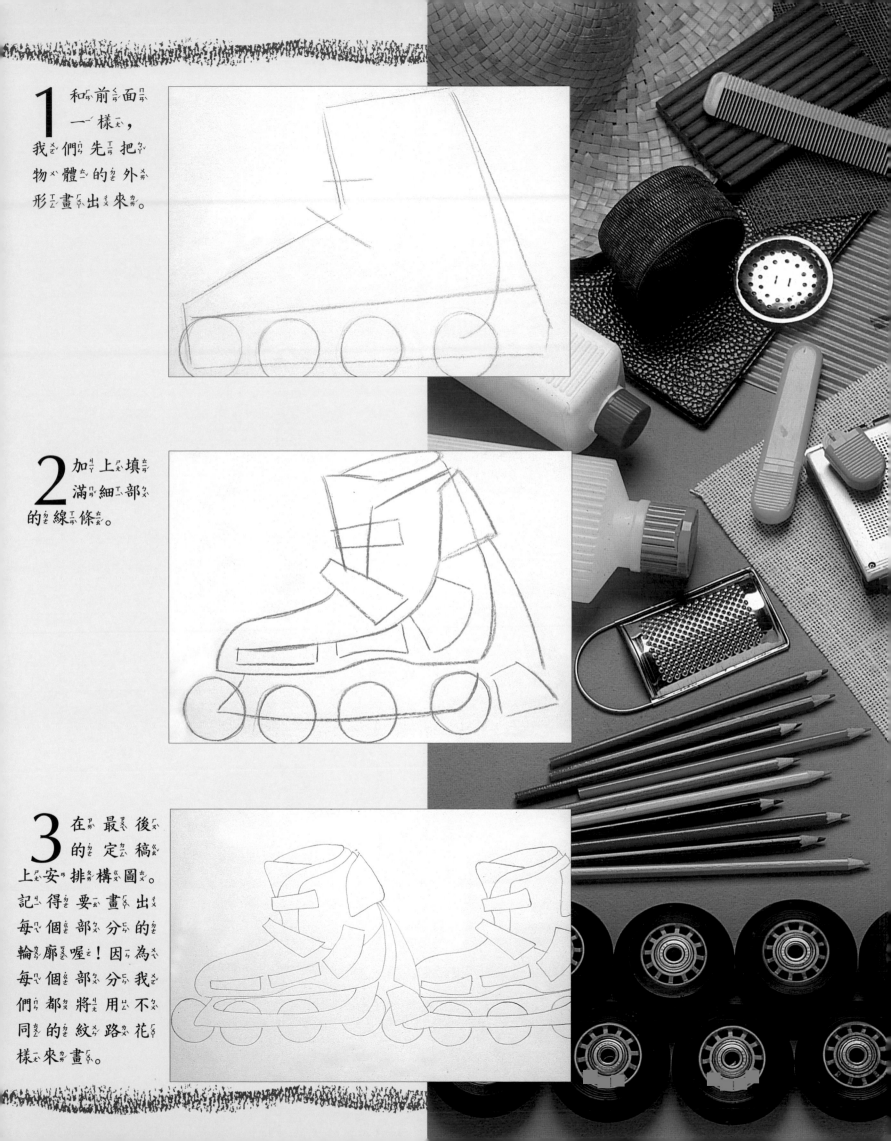

1 和前面一樣，我們先把物體的外形畫出來。

2 加上填滿細部的線條。

3 在最後的定稿上安排構圖。記得要畫出每個部分的輪廓喔！因為每個部分我們都將用不同的紋路花樣來畫。

4 用色鉛筆在另外一張畫紙上，塗過不同紋路的東西，例如草帽、瓦楞紙、梳子等等，來試試看各種紋路的花樣。

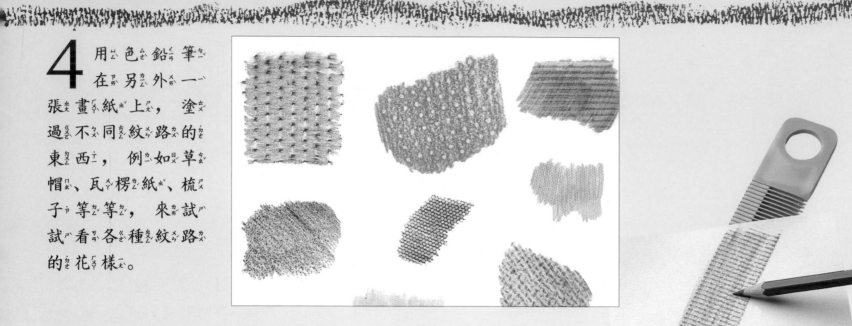

5 選好每個圖形的顏色和部分以後，我們把紙放在有紋路的物體上，用選好的顏色把這個部分塗滿。試試看在畫中所有相似的部分使用相同的紋路吧！

6 你的畫現在一定有很多的顏色和紋路了吧！接下來，我們用單一顏色來畫背景。

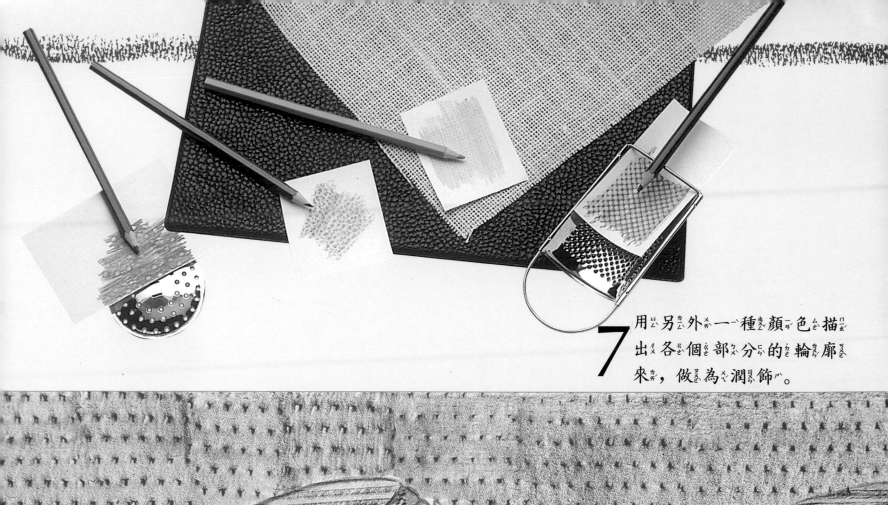

用^以另^カ外^ㄨ一^一種^ㄓ顏^{一ㄢ}色^ㄙ描^{ㄇ一ㄠ}出^{ㄔㄨ}各^ㄍ個^ㄍ部^{ㄅㄨ}分^{ㄈㄣ}的^ㄉ輪^ㄌ廓^{ㄎㄨ}來^{ㄌㄞ}，做^{ㄗㄨ}為^ㄨ潤^{ㄖㄨ}飾^ㄕ。

7

用蠟筆和水彩畫成的冰淇淋和蘇打汽水

蠟筆是用來表現我們設計的圖案。

趁著畫紙表面還溼溼的，把淺色調的顏色緊鄰著暗色調的顏色塗上來，便可以產生濃淡的效果了。

用蠟筆描出來的物體輪廓不會和水彩混在一起。

畫材和技巧

用削鉛筆的圓頭小刀把蠟筆削尖，這樣子畫出來的線條才會乾淨、清楚喲！

1 畫出物體外形的草圖。

2 安排構圖。為了產生連續的感覺，我們需要切斷某些物體的部分。用黃色的蠟筆，輕輕地描出圖上的線條來。

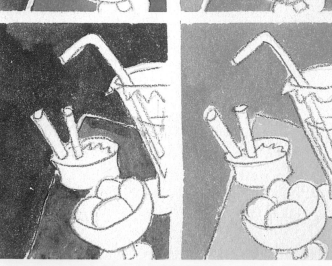

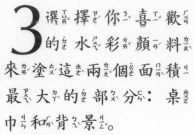

3 選擇你喜歡的水彩顏料來塗這兩個面積最大的部分：桌巾和背景。

4 用白色蠟筆來裝飾物體和背景。因為紙張也是白色的，蠟筆的線條很難看得到，所以在畫的時候，要調整圖畫的位置，好讓你能藉著燈光的反射，看到畫出來的線條。在右邊這張圖，為了讓你看到線條，我們用黃色的蠟筆來畫。

5 把桌巾和背景塗上你選出來的顏色。這時候，我們用白色蠟筆畫的圖案便會顯現出來喲！這是因為蠟筆阻礙了紙張吸收顏料的水分。

6 最後，我們用鮮明的顏色把其它部分著色。

用棉紙做成的玩具

利用棉紙的透明度，把不同顏色的棉紙疊在一起，來創造出新的顏色。

只有這個物體使用三度空間的技巧，背景的面紙不做任何立體的處理。

為了創造出三度空間的效果，我們把表示正面的細長條用一個方向貼好，表示側邊的細長條就用不同的方向。

1 畫出每個物體的外形，並找出它們之間的比例關係。

2 然後加上細部。

畫材和技巧

當稀釋過的萬能白膠塗過棉紙的時候，棉紙的顏色便會變深了呢！

3 用畫筆在背景刷上一層萬能白膠，然後，用一塊塊的棉紙覆蓋上去。我們可以在第一層棉紙上再加上不同顏色的棉紙。

用壓克力板*和蛋彩畫出的登山裝備

我們可以用畫筆握柄的尖頭、棒針、剪刀的尖端等等，來處理線條。

我們也可以變化表面的圖形，來產生對比喲！

在黑色背景下，白色看起來最清楚了，但只要是在透明壓克力板上看得見的顏色，都可以用。

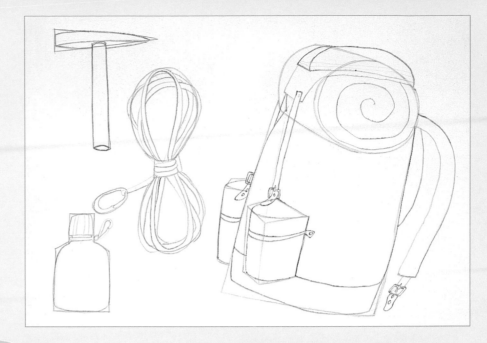

1 在這個技巧當中，我們選了幾個最能代表登山健行這個主題的物體。先畫出物體的外形，然後把草圖畫好。

畫材和技巧

為了讓蛋彩顏料能附著在壓克力板上，必須先把我們手指頭碰觸壓克力板表面產生的油汙清理乾淨喔！

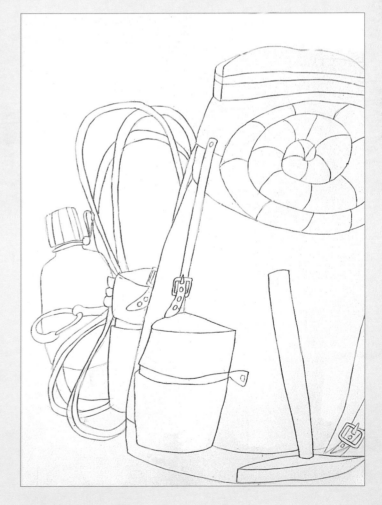

2 構圖。

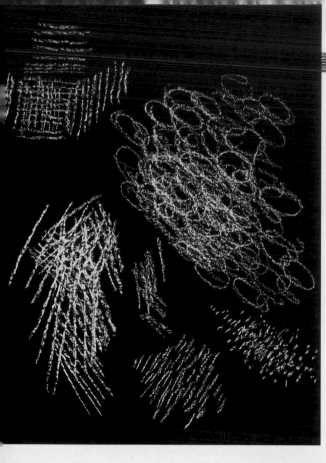

3 為了使物體產生立體的感覺，在這裡我們要使用紋路的技巧。先用白色色鉛筆在一張黑色紙板上試試看各種不同的紋路圖形。

4 然後，在乾淨的壓克力板上，塗上一層厚厚的黑色蛋彩顏料。

5 等顏料乾了以後，再用白色粉筆輕輕地在上面描出圖案來。如果不小心畫錯了，沒關係！粉筆是很容易修改的。

6 記住喔！我們是用底片上的影像在畫畫。這表示說，當我們在創造立體感覺的時候，把明暗顛倒了：每一個我們塗抹過的地方都會變成白色的囉！或者我們也可以想成不是在表示陰影部分的明暗，而是在使最光亮的部分*變得明亮一些。

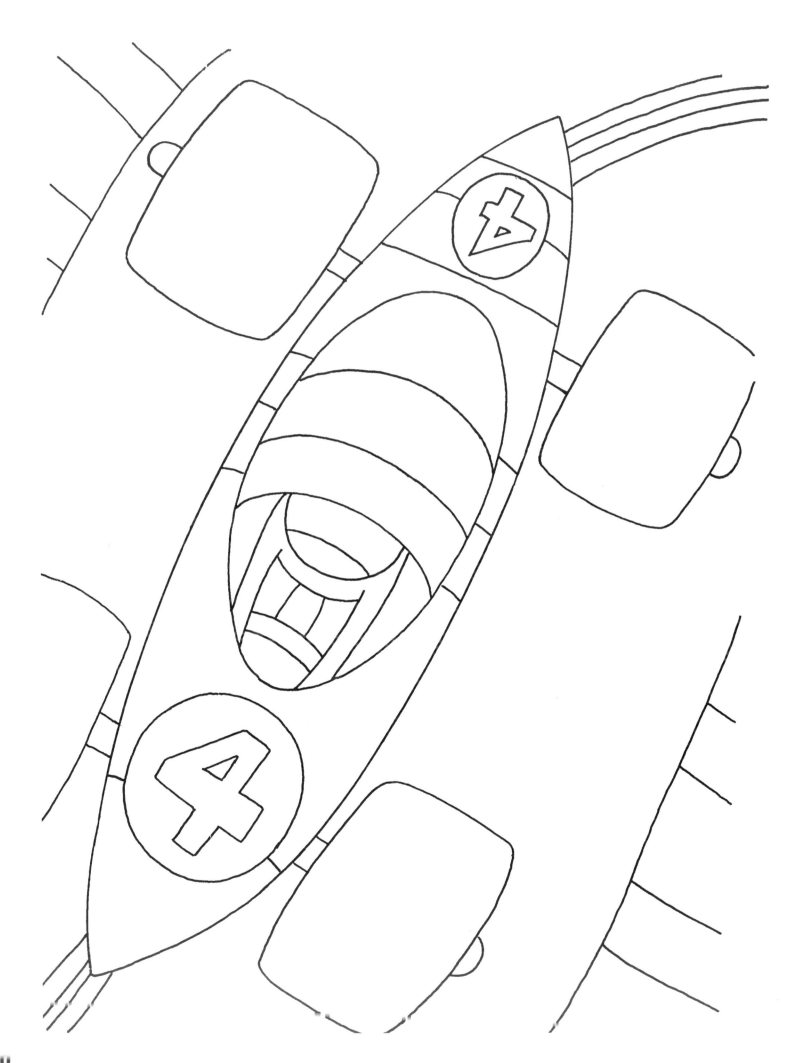

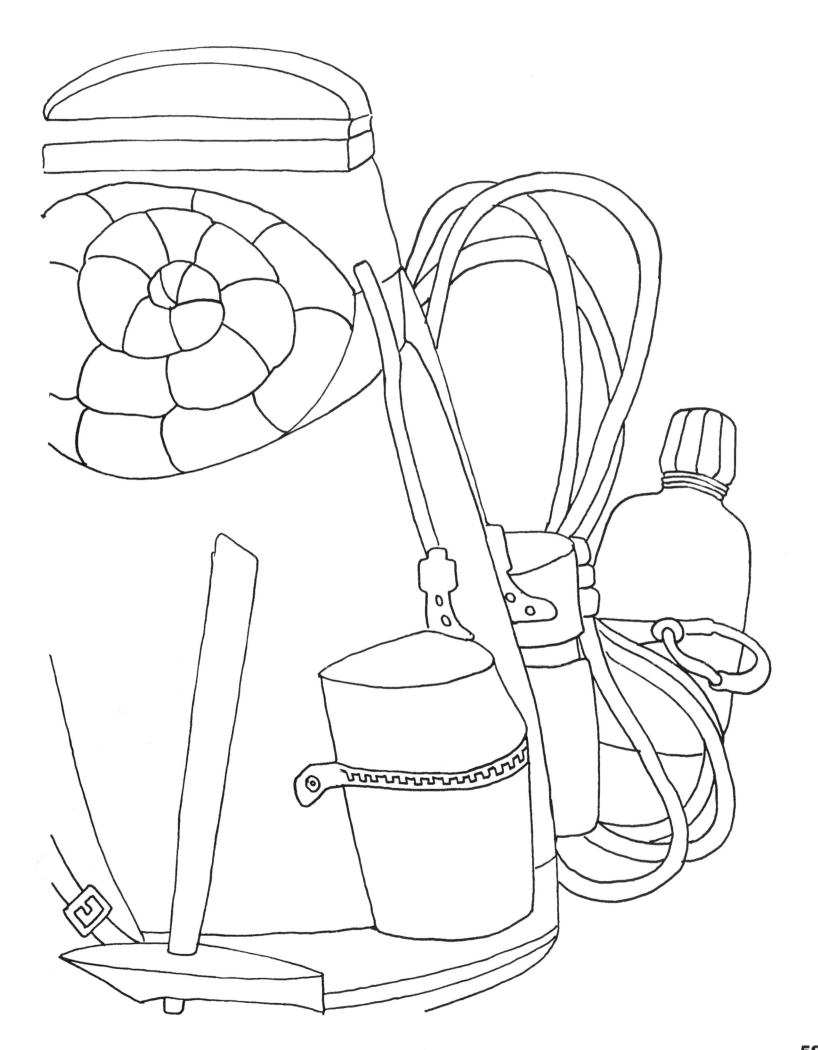

榮 獲

行政院新聞局第四屆人文類「小太陽獎」

文建會「好書大家讀」年度最佳少年兒童讀物暨優良好書推薦

兒童文學叢書・藝術家系列（第一輯）（第二輯）

讓您的孩子貼近藝術大師的創作心靈

名作家簡宛女士主編，全系列精裝彩印
收錄大師重要代表作，圖說深入解析作品特色
是孩子最佳的藝術啟蒙讀物
亦可作為畫冊收藏

藝術家系列